PUBLICATIONS DE LA RENOMMÉE.

Notice biographique

SUR LA VIE ET SUR LES TRAVAUX

DE

M. LE BARON LARREY,

PAR A. L.

PARIS,

Aux Bureaux de La RENOMMÉE,

Biographie générale, Revue Littéraire,

PLACE DU DOYENNÉ, N° 5, AU CARROUSEL.

Et à tous les Dépôts de Publications.

1841.

Paris.—Imprimerie de Bourgogne et Martinet, rue Jacob, 30.

M. LE BARON J.-D. LARREY.

S'il est une mission que l'écrivain accepte avec reconnaissance, et dont il s'acquitte avec facilité, c'est certainement celle qui nous est aujourd'hui confiée. — Se faire l'historien d'un homme proclamé *le plus vertueux* par la génération au milieu de laquelle il vit et par le héros qui l'a dominée, retracer le détail d'une existence dont chaque jour révèle un nouveau titre à notre admiration, est sans contredit la tâche la plus simple qu'un biographe puisse entreprendre et la satisfaction la plus douce qu'il puisse espérer. — L'éloge ne vient point à la pensée de celui qui écrit une telle vie : seulement, au fond de son cœur, s'amasse lentement un indicible respect, une sainte vénération, que sa plume est impuissante à rendre.

Ce fut à Baudéant, petit village à un quart de lieue de Bagnères de Bigorre, que naquit, en juillet 1766, JEAN-DOMINIQUE LARREY. — Orphelin de bonne heure, il passa les premières années de sa vie auprès de l'abbé Grasset, dont il fut, à la fois, le disciple et l'enfant de chœur. — Appelé bientôt à Toulouse par son oncle Alexis Larrey, chirurgien de l'hôpital-général de la Grave, il termina sous sa direction ses études élémentaires, et commença, dès l'âge de quinze ans, à l'École spéciale que son oncle avait fondée, celles de la profession qu'il devait embrasser. — Devenu successivement interne, et premier aide-major, il passa près de sept années à l'hôpital de Toulouse, et vint enfin à Paris, en 1787, disputer, dans un concours public, une des places de chirurgiens auxiliaires, que réclamait alors le service de la marine royale de Brest. — M. Larrey fut nommé. — A peine arrivé dans ce port, il se soumit aux épreuves d'un nouveau concours ; vainqueur une seconde fois, il s'embarqua, en qualité de chirurgien-major, sur la frégate *la Vigilante ;* et tels furent les soins et les précautions dont le jeune chirurgien entoura l'équipage, qu'il ne perdit pas un seul homme pendant la traversée.

De retour en France, M. Larrey fut licencié, comme les autres chirurgiens auxiliaires. Il revint à Paris, et reprit ses études. — Une place de chirurgien interne étant devenue vacante aux Invalides, il se mit sur les rangs ; mais, malgré la décision de ses juges, dont il obtint les suffrages, il eut la douleur de voir donner à un autre que lui, par un ordre ministériel, la place qu'il avait méritée! En cette occasion, le concours fut ce qu'il est devenu si souvent depuis, un mot, à l'abri duquel la protection se plaça, pour distribuer ses injustes faveurs.

Quelque décourageante que fût pour lui cette déloyale conduite, Larrey se sentit cependant assez de courage pour l'oublier. Il se rendit à Brest, mais revint presque aussitôt à Paris, où le rappelait un nouveau concours.—Il concourut, — et sa nomination de chirurgien en second, à l'hôpital des Invalides, acheva d'effacer chez lui le souvenir de l'injustice dont il avait été victime.

Cependant cinq ans s'étaient écoulés depuis son arrivée à Paris. — La France venait de traverser les trois premières années de cette révolution à la suite de laquelle tant de génies devaient, par leur éclat, faire oublier les horreurs qui en avaient marqué le début. Plusieurs armées couraient aux frontières défendre notre territoire menacé. — Rochambeau commandait les troupes du Nord, Lafayette l'armée du centre, et Luckner campait en Alsace. — Larrey partit comme chirurgien aide-major; et pendant que son maître, l'illustre Sabatier, se rendait à l'armée du Nord, il se vit attaché à celle du Rhin.

On était alors en 1792.

Ici commence une ère nouvelle pour celui dont nous esquissons la vie. — Larrey se trouve déjà rendu sur ces champs de bataille que, pendant vingt et quelques années, il ne doit plus quitter; et, si l'homme à la destinée duquel s'attacha la sienne n'apparaît pas encore, l'heure qui doit les réunir va du moins bientôt sonner.

L'année qui suivit le départ de Larrey fut signalée par une importante amélioration dans le service de santé. — Jusqu'à cette époque, les ambulances, reléguées avec les équipages de l'armée, n'arrivant sur les champs de bataille que plusieurs heures, quelquefois plusieurs jours, après le combat, n'apportaient que de tardifs secours, et laissaient la plus grande partie des blessés périr d'hémorrhagie, de douleur ou de froid.—Des dispositions aussi défectueuses durent nécessairement frapper le jeune chirurgien, qui, pour y remédier, proposa ce système d'ambulances volantes au moyen desquelles les chirurgiens attachés eux-mêmes aux mouvements des troupes, et s'associant à leurs dangers, prodiguent aux soldats des secours instantanés, et pansent leurs blessures jusque sous le feu de l'ennemi. — La proposition de M. Larrey était trop belle et promettait de trop heureux résultats, pour ne pas être aussitôt accueillie. Les ambulances furent, dès ce moment, attachées à l'avant-garde de l'armée, que commandait Desaix, qui devint un des meilleurs amis de M. Larrey, jusqu'au jour où, fixant la victoire, il mourut à Marengo. — Il n'est pas besoin de chercher à démontrer ici l'importance de la modification qu'avait conçue M. Larrey : la pensée en semble si simple, les conséquences en furent si avantageuses, qu'on s'étonnerait presque qu'elle n'eût pas été faite plus tôt, si l'on ne savait que la simplicité même d'une idée suffit pour la faire échapper long-temps à notre esprit.

Nous sommes en 1794 : une expédition contre la Corse se prépare ; au cri d'appel de la France, une quatorzième armée se lève ; à peine âgé de vingt-huit ans, M. Larrey en est nommé chirur-gien en chef. — Il se rend à Toulouse ; et là, pour la première fois, s'opère un rapprochement entre ces deux hommes, l'un général de brigade, l'autre chirurgien d'armée, qui, pendant vingt ans consécutifs, associent leurs destinées, jus-qu'au jour où la chute d'un empire immense doit, en s'écroulant, déposer le premier sur les rochers de Sainte-Hélène, et faire expier au second, par la perte de sa fortune, les faveurs et l'amitié d'un grand homme. — L'expédition échoue, et M. Larrey passe à l'armée des Pyrénées orientales. — La paix avec l'Espagne le ramène à Toulon ; une seconde expédition contre la Corse n'ayant pas eu plus de succès que la première, il revient à Paris en 1796, après avoir fondé à Toulon une École d'anatomie et de chirurgie.

De retour à Paris, il est nommé professeur à l'École de médecine et de chirurgie militaires, établie au Val-de-Grâce. Au moment où cette École commence à briller de quelque éclat, elle est dissoute par la dispersion de ses professeurs, presque tous appelés aux armées. — M. Larrey est chargé, par le général en chef de l'armée d'Italie, d'organiser les ambulances ; il part, mais la paix est signée quand il arrive.

En 1798, il est attaché, avec Desgenettes, à l'armée d'Angleterre. Tous deux la suivent en qualité d'officiers de santé en chef. On ignore encore sa destination : c'est en Égypte qu'elle débarque. L'Égypte ! quel souvenir !... quel épisode dans notre histoire ! Sol où, pour nous servir d'une belle parole d'un de nos historiens modernes, *à quelque endroit que l'on frappe, on entend résonner un nom français.* Pour nous, qui n'avons pu connaître que le récit d'une semblable époque, tout nous y paraît fabuleux. On sait ce que furent les quatre années de cette sublime expédition , par laquelle Napoléon préluda à cette longue suite de succès qu'anéantit un jour de revers. Pendant ces quatre années, le zèle de M. Larrey fut infatigable, et son dévouement sans bornes. La relation chirurgicale de sa campagne d'Égypte restera , comme un monument d'histoire, où l'on ne sait trop qu'admirer le plus du grand chirurgien ou de l'homme généreux et dévoué. Nous remplirions ces pages à citer tous les actes de dévouement et de courage que nous offrent ces années de sa vie. A Saint-Jean-d'Acre (1) il emploie ses chevaux au transport des blessés. Témoin de sa généreuse bonté, Napoléon y consacre aussi les siens, et marche à pied à la tête de ses colonnes. A la première bataille d'Aboukir, il reçoit de Napoléon lui-même l'épée du général Figuières, auquel il sauve la vie (2). Au siége d'Alexandrie, il sacrifie ses chevaux pour nourrir

(1) M. Larrey fut lui-même blessé dans cette journée.

(2) A la première bataille d'Aboukir, le général Figuières eut le bras droit totalement désorganisé.—L'amputation fut pratiquée par M. Larrey , en présence du général en chef, qui s'était approché de ce guerrier, pour lui faire ses derniers adieux. « Un jour peut-être, » général, vous envierez mon sort, » lui dit Figuières , comme s'il eût pressenti l'exil de Sainte-Hélène; et lui faisant remettre un damas précieux, garni en or, il ajouta : « Acceptez cette arme, de laquelle » d'ailleurs je ne pourrai plus me servir. » — « Oui, je l'accepte, » pour en faire présent au chirurgien en chef qui vous sauve la vie,» répondit Napoléon. — Le brave général se rétablit en effet, et devint

ses malades, et leur fournit ainsi un aliment supportable. A Jaffa (et quels affreux souvenirs s'éveillent à ce mot!); à Jaffa, au milieu des plus terribles dangers, quand tout succombe autour de lui, lorsque quatorze chirurgiens, onze pharmaciens, trois médecins, et tous les gens attachés au service de l'hôpital, périssent, en deux mois, victimes de la peste, il est calme, et ne sent pas un seul instant se démentir cet admirable courage mis tant de fois à de si rudes épreuves.

De retour en France, en 1802, M. Larrey fut nommé chirurgien en chef de la garde des consuls, reçut un des premiers, en 1804, la croix d'officier de la Légion-d'Honneur, et fut appelé, l'année suivante, à remplir les fonctions d'inspecteur-général du service de santé des armées, et celles de chirurgien en chef de la garde impériale.

Pendant les sept années qui suivirent, M. Larrey conserva ces deux titres, et accompagna nos armées dans les campagnes d'Allemagne, de Prusse, de Pologne et d'Espagne. C'est là que les importants services qu'il rendit à nos soldats achevèrent de lui mériter la reconnaissance publique. Quel tableau sublime nous offre sa vie! les blessés de toutes les nations ont droit à ses soins; il

gouverneur de la succursale d'Avignon, où il vécut encore une vingtaine d'années.

L'épée, sur laquelle furent gravés les mots : *Aboukir* et *Larrey*, fut offerte au chirurgien en chef, qui la conserva précieusement, jusqu'à la désastreuse bataille de Waterloo, où elle lui fut enlevée.

se multiplie au milieu des soldats, leur prodigue les secours les plus empressés, accourt partout où le danger l'appelle, opère sous le feu des ennemis, emporte quelquefois les blessés sur ses épaules (1), et ne cesse un instant de joindre aux preuves du talent qui le distingue, celles d'une philanthropie qu'on ne saurait trop admirer. A Eslingen, il partage avec Masséna le repas de ses malades : c'était du bouillon de cheval où la poudre remplaçait le sel. A Austerlitz, il panse les blessés jusque dans la mêlée ; à Eylau, il s'oublie lui-même dans l'imminent danger qui menace l'armée : opérant par un froid rigoureux, il est surpris par l'ennemi, et court les plus grands périls ; à Wagram, il déploie la plus grande énergie et l'habileté la plus remarquable ; en Espagne, il est atteint du typhus en donnant ses soins à des prisonniers anglais. Mais rien ne ralentit son ardeur : il est partout, et toujours au premier rang.

(1) A la deuxième bataille d'Aboukir, le général Silly reçut un boulet de canon qui lui fracassa le genou droit. L'amputation de la cuisse, pour laquelle M. Larrey n'avait pas mis trois minutes, venait d'être terminée, lorsqu'un corps de cavaliers anglais dirigea une charge contre eux. « Je n'eus que le temps de charger le blessé » sur mes épaules, dit M. Larrey, et de l'emporter rapidement vers » notre armée, dont la retraite était commencée. Une série de trous, » ou fosses de *capriers*, á travers lesquels je passai, me sauva ; la ca- » valerie ne put suivre ce chemin entrecoupé, et j'eus le bonheur » de rejoindre l'arrière-garde de notre armée avant ce corps de » dragons.

» Enfin, j'arrivai avec cet honorable blessé sur mes épaules á » Alexandrie, où j'achevai sa guérison. »

Au milieu de cette vie agitée et de ces campagnes nombreuses et pénibles, M. Larrey trouve cependant encore le temps de consigner les résultats de ses intéressantes observations. Dès 1812, il publie trois volumes de ses campagnes; et, sans anticiper ici sur le jugement que nous nous réservons de porter sur ses œuvres, disons d'avance qu'il a fait faire d'immenses progrès à la chirurgie militaire, soit en éclairant des questions restées obscures jusqu'à lui, soit en dissipant des erreurs consacrées par le temps. Cette même année, un décret impérial le nomme premier chirurgien de la grande armée, à laquelle il resta attaché jusqu'à l'abdication de 1814 : cruel épisode qui commence à la campagne de Russie, et se termine à Waterloo!... Ni l'âge, ni les fatigues de la guerre ne diminuent son dévouement de tous les lieux et de toutes les heures. Après le passage de la Bérésina, le général Zayonchek, âgé déjà de soixante-quinze ans, reçoit presque à bout portant une balle dans le genou droit. La blessure exige impérieusement l'amputation immédiate de la cuisse. Mais le canon de l'ennemi gronde à quelques pas; mais le froid est extrême ; mais la neige tombe. Rien n'arrête M. Larrey : le manteau du général, tenu par deux officiers, lui sert de tente : en moins de trois minutes cette opération grave et difficile est terminée. Un traîneau emporte l'illustre blessé. Et, comme si ce n'était pas assez des soins qu'il vient de lui prodiguer, M. Larrey fait accompagner le vieux général par le seul élève qui lui reste, et met à sa disposition une voiture qu'il avait laissée à Wilna (1).

Cependant, 1814 est arrivé. L'empereur est à Fontainebleau. Il va partir pour l'île d'Elbe; M. Larrey, qui, depuis près de vingt ans, n'a pas cessé de marcher à ses côtés, veut l'accompagner dans son exil; mais Napoléon refuse. « Vous » appartenez à l'armée, vous devez la suivre, lui » dit-il; ce n'est pas sans regret que je me sé-» pare de vous... » Et M. Larrey revient à Paris reprendre l'inspection du service militaire de santé, et les autres fonctions qu'il remplissait précédemment. Sa santé est fortement ébranlée par les vicissitudes cruelles qu'il a essuyées pendant les campagnes de Russie et de Saxe; mais son courage supplée à tout. La peine que lui a causée le départ de l'empereur est si grande, que, quoique conservant, comme tous ses vieux serviteurs, l'espérance de le voir revenir un jour, il est sur le point d'aller le rejoindre, lorsqu'il quitte son île, et rentre à Paris, le 20 mars 1815.

Personne n'ignore cette époque si fatale et si

(1) Le général profita de ce nouveau secours, pour se rendre à Varsovie, sa patrie, où la plaie de son moignon se cicatrisa rapidement. A peine rétabli de cette blessure, Zayonchek fut nommé par l'empereur Alexandre, prince et vice-roi de Pologne. Il a exercé les fonctions de cette dignité jusqu'à l'âge de 86 ou 87 ans.

triste de notre histoire. Un mot devant lequel s'effacent les souvenirs de vingt ans de succès et de gloire, pour ne nous laisser que celui d'un jour de revers, la résume tout entière : Waterloo, 18 juin 1815.

Les armées coalisées sont en marche contre nos principales frontières. M. Larrey, dont la santé est encore affaiblie, obtient de se faire remplacer auprès de l'empereur par le baron Percy ; mais, au moment du départ, le général Drouot, commandant de la garde impériale, va lui transmettre les désirs de Napoléon. M. Larrey y souscrit ; et, chargé de la direction des ambulances de la garde, il suit le corps d'armée destiné à la défense de la Belgique.

A peine en route, il se sent saisi d'un funeste pressentiment : un vieux grenadier de la garde se suicide à la fin de la première journée dans les blés qui bordent le chemin. Le 16 juin, la bataille de Fleurus est livrée. C'est là, au milieu même des combattants, que M. Larrey pratiqua l'amputation du bras droit au général Sourd, colonel du 20ᵉ régiment des chasseurs à cheval (1).

Le 18 juin arrive enfin, — et la bataille de Waterloo est perdue ! —

(1) Pendant cette opération, le général Sourd dicta une lettre adressée à Napoléon, pour le prier de lui conserver le commandement de son corps ; il monta à cheval, dès que le pansement fut terminé, pour aller rejoindre l'empereur et suivre ses mouvements.

Les blessés sont apportés de toutes parts ; le désordre est extrême, lorsque la nuit vient l'augmenter encore. — Les charges de la cavalerie arrivent jusqu'aux ambulances : M. Larrey, d'après le conseil même de l'empereur, suit le mouvement de retraite que commençait à opérer l'armée. Il veut gagner la frontière par un chemin de traverse, s'engage à la tête de sa petite compagnie dans une route nouvelle, lorsque, au milieu d'une obscurité profonde, il est bientôt coupé par un corps d'avant-garde de lanciers prussiens. — Il décharge sur eux ses deux pistolets, et fraie un chemin à ses compagnons : tous s'y précipitent au grand galop ; mais le cheval de M. Larrey est frappé d'une balle, il s'abat, et M. Larrey reçoit, au même instant, deux coups de sabre qui le laissent sans connaissance....

Cependant il recouvre ses sens, monte sur son cheval, qui s'était relevé, et se précipite dans la campagne : mais au bord de la Sambre, il est enveloppé de nouveau par un autre corps de cavalerie, et fait prisonnier. — Pris d'abord pour l'empereur, avec lequel sa taille, et sa redingote grise lui donnaient quelque ressemblance, il est conduit devant le général prussien qui commandait l'avant-garde. — La méprise est reconnue : un mouvement de fureur fait prononcer une sentence de mort contre M. Larrey, qui va périr, lorsque le chirurgien-major du régiment, chargé de lui placer un bandeau sur les yeux, le reconnaît pour son ancien maître (1), et fait suspendre l'ordre qui avait été donné. — M. Larrey reçoit bientôt des chefs des trois puissances étrangères réunies à Paris l'autorisation de rentrer dans sa famille. Il arrive le 15 août 1815, et, l'âme déjà navrée par tant de malheurs, il a la douleur de voir les portes de nos barrières, et tous les postes militaires, occupés par les troupes étrangères.

Nous sommes à l'époque la plus triste de la vie de M. Larrey. — Victime des persécutions d'une dynastie qui ne sut pas oublier l'homme politique pour ne voir en lui que le héros dont les titres de gloire se formulaient par vingt-huit ans de service et trente-une campagnes, ou le chirurgien que son talent et ses rares vertus recommandaient au respect de tous, il perd son titre d'inspecteur-général du service de santé, et ses revenus, ainsi qu'une pension de 3,000 fr. que l'empereur lui avait accordée, en récompense de ses services, à Lutzen, Bautzen et à Wagram (2). Enfin, comme si la destinée eût voulu associer ses rigueurs aux injustices des hommes, en le frappant dans ses affections les

---

(1) C'était un officier de santé, qui avait assisté aux leçons de chirurgie clinique de M. Larrey, à Berlin.

(2) Un décret solennel du corps législatif la lui rendit l'année suivante.

plus chères, il perd, à la même époque, sa mère et son frère, chirurgien à Nîmes.

On comprend ce que dut être, pour un cœur déjà soumis à de si rudes et si douloureuses épreuves, la fatale nouvelle du 5 mai 1821.

La mort de l'empereur acheva de plonger M. Larrey dans cette mélancolie profonde que son exil lui avait causée. — Dès lors il s'occupa sans interruption, d'un grand travail de chirurgie, qu'il méditait depuis long-temps. Désirant, avant sa publication, connaître par lui-même la chirurgie anglaise, et pouvoir la comparer à la nôtre, il s'embarqua pour l'Angleterre le 18 août 1826. — Ce voyage fut pour lui, comme tous ceux qu'il a faits depuis, une occasion de reconnaître jusqu'où va le respect qu'inspire son nom : il reçut partout les marques de la plus haute déférence.

En décembre 1829, il obtint à l'Académie des sciences la place laissée vacante par la mort du professeur Pelletan.

Dans les dix années qui ont suivi la révolution de 1830, M. Larrey n'a pas cessé de fournir les preuves de cette infatigable activité qui le distingue, et de cette philanthropie qui donna toujours tant de prix à ses autres vertus. Ce fut lui qui, au mois d'avril 1830, proposa, pour la première fois, la suppression de la loi barbare qui faisait imprimer avec un fer rouge sur l'épaule des faussaires la marque éternellement infamante de leur crime. — Ce fut encore lui qui, quatre mois plus tard, empêcha la violation des hôpitaux, au fond desquels une troupe effrénée, poursuivait de ses menaces de mort des ennemis blessés. — Son dévouement et son courage lui valurent, en cette circonstance, la décoration de Juillet.

Appelé par le roi des Belges pour organiser les ambulances de son armée et inspecter les hôpitaux militaires du camp de Drest et ceux des places fortes des frontières de la Hollande, M. Larrey se rendit en Belgique en 1831. Au mois d'avril 1832, sur la demande formelle qui en avait été faite par le maréchal Jourdan, il entra, comme chirurgien en chef, à l'hôtel des Invalides, où l'invasion du choléra ne tarda pas à lui fournir l'occasion de prodiguer de nouveaux, mais trop souvent inutiles secours, à tous ces vieux guerriers qu'il avait connus déjà.

Enfin, en 1835, lorsque le choléra éclata dans le Midi, M. Larrey reçut la mission d'aller rassurer les populations épouvantées, et faire prendre les mesures nécessaires pour s'opposer aux rapides et funestes progrès de la terrible maladie. — Il se rendit successivement à Marseille, Aix, Avignon, Arles, Beaucaire, Tarascon, etc., et ramena partout le calme et la sécurité, en dissipant les craintes qu'inspirait la prétendue contagion du choléra, et en laissant partout sur son passage, les détails des moyens à employer pour le combattre avec succès.

Ici s'arrête enfin cette existence que nous n'avons pu esquisser qu'à grands traits, mais dont chaque jour eût mérité de fixer notre attention, si les limites de cet article ne nous eussent imposé la nécessité de nous restreindre. Nous avons raconté simplement quelques uns des faits qui ont signalé les cinquante-trois années de la vie militaire de M. Larrey ; nous n'avons accompagné leur récit d'aucune remarque, d'aucune observation ; nous avons voulu dérouler le tableau de cette existence à laquelle nulle autre ne pourra peut-être jamais être comparée, avant de hasarder quelques unes des réflexions qu'elle nous inspire. — Revenons actuellement sur nos pas, et tâchons de l'envisager sous un point de vue plus général.

L'histoire scientifique de M. Larrey est, et sera sans doute, unique dans les annales de la chirurgie. — Il peut léguer aux générations qui le suivront l'exemple de ses vertus et de sa haute probité, de son talent et de son activité : il n'en restera pas moins inimitable dans l'histoire de l'art chirurgical ; car les circonstances au milieu desquelles il a vécu ne se reproduiront plus : jamais l'Europe entière ne se changera, comme elle l'a fait pendant tant d'années, en un vaste théâtre de chirurgie militaire ; jamais autant d'observations nouvelles, autant de sujets d'étude ne se représenteront dans le cadre d'une seule vie ; jamais l'expérience d'un seul homme ne pourra trouver, même dans la pratique la plus active des hôpitaux, ces trésors qu'il a pu recueillir, pendant plus de vingt ans, sur nos champs de bataille.

Qu'on réfléchisse au nombre et à la variété des opérations qu'il a pu pratiquer, pendant sa longue carrière, aux faces diverses sous lesquelles s'est présenté tour à tour chacun des faits qu'il rapporte, et l'on concevra avec quelle réserve doivent être jugées les opinions d'un tel maître. — La science, telle que M. Larrey l'écrit, s'accepte et ne se discute pas. — Ses préceptes sont des leçons auxquelles nous ne pouvons qu'obéir avec reconnaissance. — Ce n'est que lorsque, calme et reposé, il a pu remettre sous ses yeux toute sa longue existence scientifique que M. Larrey a publié la plupart des ouvrages, où sont consignés les résultats de sa colossale pratique.

Il est inutile d'énumérer ici le grand nombre d'écrits qu'a publiés M. Larrey, et de faire ressortir l'importance des préceptes qu'ils renferment. L'accueil fait en tous lieux à ses travaux, l'empressement avec lequel lui ont été ouvertes les portes de toutes les académies, prouvent incontestablement que le chirurgien a autant de droits à notre admiration que l'homme privé. Ses mémoires sont lus avec intérêt, même par les personnes étrangères à la médecine. M. Larrey n'a pas, en effet, formulé les résultats de sa longue expérience en préceptes abstraits, en observations sévères ; il a su dramatiser la science, en l'associant au récit des circonstances, et en plaçant auprès d'elle la relation des grands événements dont il a été témoin. — Dans ses. écrits, l'observateur se retrouve toujours à côté du chirurgien, et l'on voit souvent la plume courir sous les doigts du philosophe.

Si l'exemple que nous laissera M. Larrey, comme chirurgien, est précieux, quel nom devons-nous donner à celui qu'il nous lègue comme homme ?— Nous ne reviendrons pas sur les faits que nous avons rapportés précédemment ; mais quelque haute idée qu'on ait conçue de sa vertu, n'y ajouterons-nous pas quelque chose, en citant ici l'opinion de celui qui put le mieux apprécier la belle conduite de M. Larrey, et qui voulut à son lit de mort consacrer à son éloge une des dernières lignes que pût tracer sa main?

Napoléon a dit, en parlant de M. Larrey, qu'il avait *laissé dans son esprit l'idée du véritable homme de bien* (1). Et qu'on ne pense pas qu'un

(1) Voici ce que dit M. Las Cases dans le *Mémorial de Sainte-Hélène* (octobre 1816) :

« A la suite d'une foule d'objets, l'empereur s'est arrêté sur le » chirurgien baron Larrey, dont il a fait le plus grand éloge, disant semblable éloge fût le résultat d'une soumission passive aux idées et aux caprices de celui qui l'a dicté; M. Larrey a prouvé plus d'une fois qu'il savait résister à cette fascination de la puissance et du génie, qui trop souvent enchaîne notre indépendance ; il a su lutter contre les préventions de Napoléon lui-même, et n'a pas hésité, dans quelques occasions, à se faire, contre lui, le défenseur de la vérité.

En ce moment, où chaque jour enlève quelques uns des derniers débris de ces vieilles gloires, qui, après avoir illustré nos champs de bataille, sont aujourd'hui acquises à notre histoire, M. Larrey évoquant ses souvenirs. a voulu, dans son dernier ouvrage, se procurer le plaisir de passer en revue ceux auxquels il a eu occasion de donner ses soins, et plus d'une fois de conserver la vie : travail qui, comme la plupart de ceux de M. Larrey, restera sans imitateurs, et

» qu'il avait laissé dans son esprit l'idée du véritable homme de
» bien; qu'à la science, il joignait au dernier degré toute la vertu
» d'une philanthropie effective : tous les blessés étaient de sa famille;
» il n'était plus pour lui aucune considération dès qu'il s'agissait de
» ses hôpitaux. — « Dans nos premières campagnes républicaines,
» tant calomniées, disait l'empereur, le département de la chirurgie
« éprouva la plus heureuse des révolutions (Voir la modification
»'apportée au système des ambulances, pag. 4), laquelle s'est répan-
» due depuis dans toutes les armées de l'Europe ; or, c'est en grande
» partie à Larrey que l'humanité est endettée de ce bienfait. Aujour-
» d'hui les chirurgiens partagent les périls des soldats. C'est au mi-
» lieu du feu même qu'ils viennent prodiguer leurs soins. Larrey a
» toute mon estime et ma reconnaissance, etc., etc. »

qui mêle son nom à tout ce que la république et l'empire ont de plus brave et de plus illustre. — A Saint-Jean-d'Acre, il sauve la vie au général Arrighi, dont la blessure semblait infailliblement mortelle (1). Le général Bertrand, le maréchal Bessière, le prince Eugène Beauharnais, le général Berthier, Corbineau, Daumesnil, Laferrière, Murat, Lannes, Jourdan, Ney, Macdonald, Kléber, et mille autres comparaissent tour à tour, et viennent témoigner des bienfaits de la chirurgie exercée par une main habile : — singulière clientèle de rois, de généraux et de princes, qui nous offre à la fois tous les noms, dont, pendant vingt ans, l'Europe entendit répéter la gloire, et dont la postérité perpétuera le souvenir.— Sans doute la reconnaissance n'a pas dû manquer à celui qui sauva tant de précieuses existences. On doit le penser : et pourtant.... Mais Napoléon,

---

(1) Le général Arrighi, duc de Padoue, cousin du général en chef Bonaparte, étant aide-de-camp du général Berthier, fut atteint par une balle au moment où il venait de porter un ordre au commandant de la batterie de la brèche. Il fut renversé sous la batterie même, et sans doute y serait infailliblement mort, si l'un des canonniers n'avait introduit les doigts indicateurs de ses deux mains dans les trous faits par la balle, qui, en traversant le cou de gauche à droite, avait ouvert d'un côté l'artère carotide. L'hémorrhagie ayant été momentanément suspendue, M. Larrey eut le temps d'arriver et de prodiguer ses soins au blessé. Il lui administra d'abord les secours nécessaires au poste où il avait été frappé, et le fit ensuite transporter au camp.

Le duc de Padoue jouit aujourd'hui d'une belle santé et d'une très grande fortune.

qui prévoyait tout, même l'ingratitude, dont, au milieu de leur fortune, plusieurs de ses serviteurs devaient se montrer prodigues, avait pris le soin de décerner d'avance au grand chirurgien les récompenses qui devaient la lui faire oublier.

Indépendamment des titres et des distinctions que nous avons déjà fait connaître, M. Larrey a reçu de Napoléon :

Après la bataille de Wagram, le titre de baron, auquel fut attachée une dotation de 5,000 francs.

Après les batailles de Lutzen, Wurchen, et Bautzen, une pension sur l'État de 3,000 francs, « exclusive, est-il dit au décret, de toute autre » récompense méritée par ses grades, son ancien- » neté, et ses services futurs. »

Plus tard, cette phrase, dans une conversation avec M. de Las-Cases : « Il a laissé dans mon esprit l'idée du véritable homme de bien. »

Enfin, dans ses derniers instants, un souvenir de sa main avec cette apostille glorieuse : « Larrey, l'homme le plus vertueux que j'aie rencontré. »

Paris. — Imprimerie de BOURGOGNE et MARTINET, rue Jacob, 30.

www.ingramcontent.com/pod-product-compliance
Lightning Source LLC
Chambersburg PA
CBHW051401060726

47596CB00005B/2018